MORTE AMIGA DO PECADO

Todos os textos foram extraídos da Bíblia Sagrada Almeida Corrigida Fiel – ACF

Diretor editorial: Luiz Vasconcelos
Produção editorial: Graziele Sales
Organização de conteúdo: Evandro Vasconcelos
Revisão: Angélica Mendonça
Diagramação: Marília Garcia
Capa: Alexandre Santos

Texto de acordo com as normas do Novo Acordo Ortográfico da Língua Portuguesa (1990), em vigor desde 1º de janeiro de 2009.

Dados Internacionais de Catalogação na Publicação (CIP)
Angélica Ilacqua CRB-8/7057

Morte amiga do pecado : uma análise bíblica das consequências da entrada do pecado no mundo / Ágape. –– Barueri, SP: Novo século, 2025.
96 p.

ISBN 978-65-5724-161-5

1. Bíblia – Estudo e ensino 2. Pecado I. Ágape

25-0363 CDD-220.7

Ágape
uma marca do Grupo Novo Século

GRUPO NOVO SÉCULO
Alameda Araguaia, 2190 – Bloco A – 11º andar – Conjunto 1111
CEP 06455-000 – Alphaville Industrial, Barueri – SP – Brasil
Tel.: (11) 3699-7107 | E-mail: atendimento@gruponovoseculo.com.br
www.gruponovoseculo.com.br

MORTE AMIGA DO PECADO

Uma Análise Bíblica das Consequências
da Entrada do Pecado no Mundo

Ágape

São Paulo, 2025

SUMÁRIO

Apresentação

A ENTRADA DO PECADO no mundo é um dos eventos mais trágicos e transformadores registrados na narrativa bíblica. Em poucos versículos, a harmonia do Éden foi substituída por um cenário de separação, sofrimento e morte. Este livro, *Morte amiga do pecado: uma análise bíblica das consequências da entrada do pecado no mundo*, convida os leitores a explorarem profundamente as implicações desse evento, desde suas origens até a promessa de redenção em Cristo.

O título, provocativo em sua essência, reflete a ligação inseparável entre o pecado e a morte. A morte, em todas as suas formas — física, espiritual e eterna —, tornou-se uma "aliada" do pecado, ampliando suas consequências e moldando a experiência humana em todas as gerações. Este livro busca desvendar como essa relação foi estabelecida e de que maneira ela afeta a criação, a sociedade e a vida individual.

O primeiro passo dessa jornada é voltar ao jardim do Éden, onde tudo começou. A análise de Gênesis 3 nos ajuda a compreender o impacto devastador do primeiro ato de desobediência humana. A perda da inocência, a separação de Deus e a introdução da morte no mundo são exploradas com profundidade, lançando luz sobre as raízes de nosso estado atual.

A reflexão se amplia para considerar as dimensões da morte que surgem a partir do pecado. Mais do que o cessar da vida física, a Bíblia revela que a morte se manifesta como separação espiritual de Deus e, no extremo, como condenação eterna. Essas realidades são fundamentais para entender o peso do pecado e a necessidade de um Salvador.

Mas as consequências do pecado não se limitam aos humanos. Este livro também examina como a criação foi afetada, gemendo sob o peso do pecado, como descrito em Romanos 8:20-22. A destruição ecológica, os desastres naturais e a desarmonia na natureza são tratados como reflexos de um mundo que perdeu sua ordem original.

Histórias bíblicas como a de Caim e Abel, as guerras de Israel e os abusos de poder ao longo da história mostram como a morte é usada pelo pecado para corromper relacionamentos humanos. O livro mergulha

A MORTE SE MANIFESTA COMO SEPARAÇÃO ESPIRITUAL DE DEUS E, NO EXTREMO, COMO CONDENAÇÃO ETERNA.

nesses relatos, revelando a profundidade do impacto do pecado nas estruturas sociais e na existência humana.

No entanto, a Bíblia não se limita a apresentar o problema; ela também aponta para a solução. A obra redentora de Cristo é o ponto central deste livro, que explora como Sua morte e ressurreição quebraram o poder do pecado e da morte. Passagens como Romanos 5:12-21 e 1 Coríntios 15:54-57 são fundamentais para compreender a vitória de Cristo.

A morte, antes uma aliada do pecado, é derrotada em Cristo, tornando-se uma passagem para a vida eterna para aqueles que O seguem. Este livro destaca como essa verdade transforma a maneira como os cristãos enfrentam a morte e as dificuldades da vida. A esperança da ressurreição redefine nossa perspectiva sobre sofrimento e perda.

Além da teologia, o livro também traz reflexões práticas. Como viver em um mundo ainda afetado pelo pecado e pela morte, mas com a certeza da redenção? Questões sobre confiança em Deus, superação do medo da morte e o chamado para uma vida santa são abordadas de maneira acessível e aplicável.

Este livro é uma ferramenta valiosa para cristãos que buscam entender mais profundamente o impacto do pecado e da morte à luz da Bíblia. Ele também serve como um recurso para líderes e pastores que desejam ensinar sobre a queda e a redenção, trazendo respostas bíblicas a questões existenciais que afetam a todos.

Morte amiga do pecado: uma análise bíblica das consequências da entrada do pecado no mundo é, acima de tudo, uma mensagem de esperança. Apesar das devastadoras consequências do pecado, Deus ofereceu uma solução perfeita em Cristo. Assim, convida-se os leitores a abraçarem essa verdade transformadora e a viverem à luz da vitória de Cristo sobre a morte.

Versículos bíblicos que falam sobre o tema

Gênesis 2:17

"Mas da árvore do conhecimento do bem e do mal, dela não comerás; porque, no dia em que dela comeres, certamente morrerás."

Gênesis 3:19

"No suor do teu rosto comerás o teu pão, até que te tornes à terra; porque dela foste tomado; porquanto és pó e em pó te tornarás."

Romanos 5:12

"Portanto, como por um homem entrou o pecado no mundo, e pelo pecado a morte, assim também a morte passou a todos os homens por isso que todos pecaram."

Romanos 6:23

"Porque o salário do pecado é a morte, mas o dom gratuito de Deus é a vida eterna, por Cristo Jesus, nosso Senhor."

Ezequiel 18:4

"Eis que todas as almas são minhas; como o é a alma do pai, também a alma do filho é minha; a alma que pecar, essa morrerá."

Isaías 59:2

"Mas as vossas iniquidades fazem separação entre vós e o vosso Deus; e os vossos pecados encobrem o seu rosto de vós, para que vos não ouça."

1 Coríntios 15:21-22

"Porque assim como a morte veio por um homem, também a ressurreição dos mortos veio por um homem. Porque, assim como todos morrem em Adão, assim também todos serão vivificados em Cristo."

Romanos 8:6

"Porque a inclinação da carne é morte; mas a inclinação do Espírito é vida e paz."

Hebreus 9:27

"E, como aos homens está ordenado morrerem uma vez, vindo, depois disso, o juízo."

Apocalipse 20:14-15

"E a morte e o inferno foram lançados no lago de fogo. Esta é a segunda morte. E aquele que não foi achado escrito no livro da vida foi lançado no lago de fogo."

Apocalipse 21:4

"E Deus limpará de seus olhos toda lágrima; e não haverá mais morte, nem pranto, nem clamor, nem dor; porque já as primeiras coisas são passadas."

Salmos 51:5

"Eis que em iniquidade fui formado, e em pecado me concebeu minha mãe."

Efésios 2:1

“E vos vivificou, estando vós mortos em ofensas e pecados.”

Colossenses 2:13

“E, quando vós estáveis mortos nos pecados e na incircuncisão da vossa carne, vos vivificou juntamente com ele, perdoando-vos todas as ofensas.”

1 João 3:4

“Qualquer que comete pecado também comete iniquidade, porque o pecado é iniquidade.”

2 Coríntios 5:21

"Àquele que não conheceu pecado, o fez pecado por nós; para que nele fôssemos feitos justiça de Deus."

Gálatas 3:13

"Cristo nos resgatou da maldição da lei, fazendo-se maldição por nós; porque está escrito: Maldito todo aquele que for pendurado no madeiro."

João 5:24

"Na verdade, na verdade vos digo que quem ouve a minha palavra e crê naquele que me enviou tem a vida eterna e não entrará em condenação, mas passou da morte para a vida."

Hebreus 2:14-15

"E, visto como os filhos participam da carne e do sangue, também ele participou das mesmas coisas, para que, pela morte, aniquilasse o que tinha o império da morte, isto é, o diabo; e livrasse todos os que, com medo da morte, estavam por toda a vida sujeitos à servidão."

Romanos 7:24-25

"Miserável homem que eu sou! Quem me livrará do corpo desta morte? Dou graças a Deus, por Jesus Cristo, nosso Senhor."

CAPÍTULO 1

O surgimento da morte: a queda e suas consequências (Gênesis 3)

A NARRATIVA DA QUEDA em Gênesis 3 marca um dos momentos mais trágicos da história bíblica: o surgimento da morte como consequência direta da desobediência humana. Antes da queda, Deus havia criado um mundo perfeito, onde a vida fluía em harmonia com a Sua vontade. Adão e Eva desfrutavam de comunhão plena com Deus, ausência de sofrimento e a promessa de vida eterna, representada pelo acesso à árvore da vida no jardim do Éden.

Quando Deus ordenou que Adão não comesse o fruto da árvore do conhecimento do bem e do mal, Ele alertou que a consequência seria a morte (Gênesis 2:17).

Essa morte era mais do que a cessação da vida física; ela representava uma separação espiritual de Deus e o início de uma existência marcada por dor e mortalidade. A advertência divina não era apenas uma restrição, mas uma proteção contra as devastadoras implicações da desobediência.

O ato de desobediência começou com o engano da serpente, que questionou a bondade de Deus e semeou dúvida no coração de Eva. Ao comer o fruto e compartilhá-lo com Adão, eles violaram a ordem direta de Deus, substituindo a confiança em Sua palavra pela tentativa de determinar seu próprio destino. Esse momento não apenas introduziu o pecado no mundo, mas abriu a porta para a entrada da morte.

Imediatamente após a queda, Adão e Eva perceberam sua nudez e sentiram vergonha, um sinal da ruptura de sua inocência. Esse estado de vulnerabilidade foi a primeira evidência da morte espiritual, uma separação de Deus que resultou em alienação e medo. O que antes era uma comunhão perfeita tornou-se uma relação marcada pela culpa e pela necessidade de esconder-se de Deus.

A sentença divina sobre a desobediência revelou as consequências abrangentes do pecado. Deus declarou que o trabalho de Adão seria árduo e que Eva enfrentaria dores intensas no parto, indicando que até mesmo as bênçãos originais da criação seriam acompanhadas de sofrimento. A terra, que antes produzia

ESSE MOMENTO NÃO APENAS INTRODUZIU O PECADO NO MUNDO, MAS ABRIU A PORTA PARA A ENTRADA DA MORTE.

abundantemente, passaria a gerar espinhos e ervas daninhas, simbolizando a desordem trazida pelo pecado.

Além disso, Deus pronunciou a inevitabilidade da morte física: "Do pó vieste e ao pó voltarás" (Gênesis 3:19). A entrada da morte física no mundo trouxe uma limitação ao tempo de vida humano, algo que não fazia parte do plano original de Deus. A mortalidade tornou-se uma constante lembrança da fragilidade humana e da seriedade do pecado.

A expulsão de Adão e Eva do Éden foi uma consequência direta da queda, impedindo-os de comer da árvore da vida para viverem eternamente em estado de pecado. Essa separação física do jardim era uma representação da separação espiritual que já havia ocorrido entre eles e Deus. O acesso ao Éden foi bloqueado por querubins, simbolizando que a comunhão plena com Deus estava interrompida.

Embora a queda tenha introduzido a morte e o pecado ao mundo, Deus também revelou Sua graça. Em meio à sentença de juízo, Ele deu a promessa da redenção, declarando que a descendência da mulher esmagaria a cabeça da serpente (Gênesis 3:15). Esse versículo, conhecido como protoevangelho, aponta para Cristo, o redentor que derrotaria o pecado e a morte.

A morte, que surgiu como consequência do pecado, tornou-se um lembrete constante da necessidade de reconciliação com Deus. O apóstolo Paulo enfatiza em Romanos 5:12 que por meio de um só homem o pecado entrou no mundo, e pelo pecado a morte espalhou-se a todos os homens. Essa conexão entre pecado e morte revela que toda a Humanidade compartilha das consequências da queda.

O surgimento da morte também trouxe desarmonia aos relacionamentos humanos. Adão e Eva, que antes estavam em perfeita união, começaram a culpar um ao outro pelo pecado. Essa ruptura inicial dos relacionamentos interpessoais continuou ao longo da história humana, gerando conflitos, violência e separação.

A criação, que era "muito boa" aos olhos de Deus, passou a sofrer com a corrupção. Romanos 8:20-22 descreve como a criação foi sujeita à vaidade por causa do pecado humano, gemendo em expectativa pela redenção final. A entrada da morte afetou não apenas os humanos, mas toda a ordem criada.

Além disso, a morte espiritual significou uma separação contínua da presença de Deus. Sem acesso direto a Ele, a Humanidade passou a experimentar um vazio existencial que apenas a reconciliação divina poderia preencher. Esse estado de separação tornou a necessidade de um mediador divino evidente.

A entrada da morte no mundo também trouxe temor e ansiedade sobre o futuro. A incerteza sobre o que acontece após a morte tem sido uma questão central na experiência humana desde a queda. Essa busca por respostas revela o desejo inato de conexão com o Criador e a necessidade de Sua intervenção redentora.

Embora a morte seja frequentemente vista como uma inimiga, ela também carrega um propósito no plano de redenção. Em 1 Coríntios 15:26, Paulo chama a morte de "o último inimigo a ser destruído", apontando para a vitória final de Cristo sobre ela. A entrada da morte no mundo, embora trágica, faz parte do enredo maior da salvação.

A história da queda também nos ajuda a entender que a morte não foi criada como algo natural, mas como um intruso que distorce o plano original de Deus. Isso reafirma a esperança de que, no final, Deus restaurará todas as coisas, eliminando a morte e o pecado por completo.

O surgimento da morte em Gênesis 3 é ainda um lembrete da seriedade do pecado e de suas consequências abrangentes. Contudo, também é o ponto de partida para a revelação do plano redentor de Deus. A promessa do evangelho está presente desde o início, apontando para Cristo como a solução para o problema da morte e do pecado.

A narrativa de Gênesis 3 é um convite a refletir sobre nossa condição humana, nossa necessidade de redenção e a esperança que temos em Cristo. A morte, introduzida como resultado da queda, será vencida por Aquele que é a ressurreição e a vida, trazendo restauração plena para toda a criação.

“NO FINAL, DEUS RESTAURARÁ TODAS AS COISAS, ELIMINANDO A MORTE E O PECADO POR COMPLETO.”

CAPÍTULO 2

A morte física, espiritual e eterna na perspectiva bíblica

A BÍBLIA APRESENTA A morte como uma realidade multifacetada, com dimensões física, espiritual e eterna, todas interligadas e decorrentes do pecado. Cada uma dessas formas de morte representa um aspecto das consequências da queda e revela a profundidade do impacto do pecado sobre a humanidade e a criação. Compreender essas dimensões é essencial para refletir sobre o plano redentor de Deus em Cristo.

A morte física, a mais visível e universal das dimensões, é a separação da alma e do corpo. Essa forma de morte foi introduzida no mundo como resultado direto do pecado de Adão e Eva, conforme Deus declarou:

"Do pó vieste e ao pó voltarás" (Gênesis 3:19). Antes da queda, a morte física não fazia parte da experiência humana, e a mortalidade tornou-se um lembrete constante da fragilidade da vida e da necessidade de reconciliação com Deus.

A morte física é inevitável para todos os seres humanos. Em Hebreus 9:27, afirma-se que "aos homens está ordenado morrer uma só vez, vindo, depois disso, o juízo". Esse fato universal reflete a condição de todos como herdeiros da natureza pecaminosa de Adão. Cada falecimento é um lembrete de que o pecado trouxe a ruptura do plano original de Deus para a vida eterna e perfeita comunhão com Ele.

Embora a morte física seja temida e vista como um fim por muitos, a Bíblia a apresenta como uma transição para a eternidade. Para os cristãos, ela é considerada um "dormir", como mencionado por Paulo em 1 Coríntios 15:51-52. Essa visão transforma a perspectiva sobre a morte, pois, em Cristo, ela é superada pela esperança da ressurreição.

A dimensão espiritual da morte é ainda mais profunda, representando a separação entre o homem e Deus. Essa separação começou no momento em que Adão e Eva pecaram, rompendo sua comunhão com o Criador (Gênesis 3:8-10). A morte espiritual é caracterizada pela alienação de Deus, deixando o ser humano em um estado de vazio e falta de propósito.

A morte espiritual não é limitada a Adão e Eva; ela é herdada por toda a Humanidade. Paulo afirma em Romanos 3:23 que "todos pecaram e destituídos estão da glória de Deus". Esse estado de separação é a condição natural de cada pessoa antes de experimentar a redenção em Cristo, tornando evidente a necessidade de reconciliação com Deus.

A alienação espiritual também se manifesta em uma incapacidade de viver plenamente de acordo com os propósitos de Deus. Efésios 2:1 descreve o estado de morte espiritual como estar "mortos em ofensas e pecados". Isso significa que, sem Cristo, o ser humano está espiritualmente incapacitado de se conectar com Deus ou alcançar a vida eterna.

Embora a morte espiritual seja uma realidade presente, Deus, em Sua graça, oferece vida por meio de Jesus Cristo. João 5:24 declara: "quem ouve a minha palavra, e crê naquele que me enviou, tem a vida eterna, e não entrará em condenação, mas passou da morte para a vida". A salvação é o remédio para essa separação, restaurando a comunhão perdida no Éden.

A morte eterna é a dimensão mais grave e definitiva da morte, representando a separação eterna de Deus. Também chamada de "segunda morte" em Apocalipse 20:14-15, ela é o destino daqueles que rejeitam a oferta de salvação em Cristo. Essa forma de morte não é apenas uma ausência de vida, mas uma existência contínua de sofrimento e afastamento da presença de Deus.

A morte eterna é descrita como um lugar de trevas, angústia e fogo eterno. Jesus frequentemente advertiu sobre essa realidade, como em Mateus 25:41, em que fala do "fogo eterno, preparado para o diabo e seus anjos." Essa dimensão revela a seriedade do pecado e a justiça de Deus ao lidar com aqueles que rejeitam Sua graça.

Embora a morte eterna seja uma realidade terrível, Deus não deseja que ninguém experimente esse destino. Em 2 Pedro 3:9, é dito que o Senhor é "longânimo para conosco, não querendo que alguns se percam, senão que todos venham a arrepender-se". Essa declaração reforça o desejo de Deus de resgatar a Humanidade da morte eterna por meio de Jesus.

A vitória de Cristo sobre a morte é o ponto central da solução divina para todas as dimensões da morte. Em Sua cruz, Jesus experimentou tanto a morte física quanto a separação espiritual ao clamar: "Deus meu, Deus meu, por que me desamparaste?" (Mateus 27:46). Essa experiência foi o preço necessário para reconciliar a Humanidade com Deus.

A ressurreição de Cristo é a evidência de Sua vitória sobre a morte em todas as suas formas. Ele não apenas venceu a morte física, mas também abriu o caminho para que os crentes fossem restaurados espiritualmente e escapassem da morte eterna. Em 1 Coríntios 15:54, Paulo declara: "Tragada foi a morte na vitória".

A VITÓRIA DE CRISTO SOBRE A MORTE É O PONTO CENTRAL DA SOLUÇÃO DIVINA PARA TODAS AS DIMENSÕES DA MORTE.

Para aqueles que estão em Cristo, a morte física perde seu poder. Paulo afirma em Filipenses 1:21: "Para mim, o viver é Cristo e o morrer é ganho". Essa perspectiva transforma o medo da morte em uma expectativa esperançosa de estar com o Senhor.

A restauração da vida espiritual em Cristo é o primeiro passo para superar a morte em todas as suas dimensões. Quando uma pessoa aceita Jesus como Senhor e Salvador, ela passa da morte espiritual para a vida eterna. Essa nova vida é o início de uma jornada de reconciliação e comunhão com Deus.

A promessa de Deus é que a morte eterna será eliminada. Em Apocalipse 21:4, proclama-se: "Deus limpará de seus olhos toda a lágrima; e não haverá mais morte, nem pranto, nem clamor, nem dor; porque já as primeiras coisas são passadas". Essa visão gloriosa aponta para o plano final de Deus de restaurar todas as coisas.

A compreensão das três dimensões da morte ajuda os cristãos a valorizar ainda mais a obra redentora de Cristo. Cada aspecto da morte – física, espiritual e eterna – é tratado pela cruz e ressurreição, oferecendo uma solução completa para o problema do pecado.

A Bíblia convida cada pessoa a refletir sobre sua condição diante de Deus e a buscar a vida em Cristo. Romanos 6:23 resume a realidade da morte e a esperança da redenção: "o salário do pecado é a morte, mas o dom gratuito de Deus é a vida eterna, por Cristo Jesus nosso Senhor".

Por meio de Cristo, a morte, que entrou no mundo como resultado do pecado, torna-se o ponto de partida para a obra redentora de Deus. Ele transforma a tragédia da queda em uma oportunidade de vida abundante e eterna para todos que O seguem. Essa verdade nos chama a viver com confiança na vitória de Cristo e a compartilhar essa esperança com o mundo.

CAPÍTULO 3

O impacto do pecado e da morte na criação

O IMPACTO DO PECADO e da morte na criação é uma das realidades mais abrangentes descritas na Bíblia. Quando Adão e Eva pecaram, não apenas a Humanidade foi afetada, mas toda a criação foi sujeita às consequências do pecado. Em Romanos 8:20-22, é descrito como a criação foi sujeita à vaidade e passou a gemer, aguardando ansiosamente a redenção. Esse gemido reflete a ruptura da harmonia original que Deus havia estabelecido.

No Éden, a criação vivia em equilíbrio e perfeição. Não havia violência, destruição ou desordem. Os animais conviviam pacificamente, e a terra produzia abundantemente sem a necessidade de esforço árduo. A entrada do pecado, no entanto, introduziu a desordem, alterando profundamente a relação entre a Humanidade e o restante da criação.

A terra, que antes era uma fonte de bênção, foi amaldiçoada por causa do pecado humano. Gênesis 3:17-18 declara que a terra passou a produzir espinhos e ervas daninhas, e o trabalho de Adão tornou-se árduo. Esse momento marca o início de um ciclo de frustração e desgaste que afeta toda a atividade humana na criação.

Os desastres naturais, como tempestades, terremotos e secas, são evidências dessa desordem. Embora esses eventos possam ser explicados como fenômenos naturais, a Bíblia os conecta ao impacto abrangente do pecado na criação. Essa instabilidade não fazia parte do plano original de Deus, mas é uma consequência da queda.

A violência entre os animais é outra manifestação do impacto do pecado. Em Isaías 11:6-9, temos a visão profética de um futuro em que o lobo habitará com o cordeiro, apontando para uma restauração da paz original. Isso sugere que a relação predatória entre os animais não era parte do design original, mas resultado da desarmonia causada pelo pecado.

A morte, que entrou no mundo por meio do pecado, afeta todos os seres vivos. Antes da queda, não havia morte na criação; a vida fluía continuamente. Com a entrada do pecado, a mortalidade tornou-se uma realidade universal, afetando humanos, animais e plantas, interrompendo o ciclo perfeito da vida.

ANTES DA QUEDA, NÃO HAVIA MORTE NA CRIAÇÃO; A VIDA FLUÍA CONTINUAMENTE.

A relação entre a Humanidade e a criação também foi profundamente alterada. Adão e Eva foram designados para governar a terra e cuidar dela (Gênesis 1:28), mas o pecado distorceu essa relação, transformando o domínio em exploração. A criação, que deveria ser cultivada com cuidado, passou a ser explorada de forma destrutiva.

O impacto do pecado também é visto na degradação ambiental. Poluição, desmatamento e destruição de ecossistemas refletem a desconexão entre a Humanidade e a criação. Essa degradação não apenas afeta o meio ambiente, mas também prejudica as gerações futuras, demonstrando como o pecado tem consequências intergeracionais.

Assim, a corrupção da criação afeta a Humanidade de forma direta. A escassez de recursos, as mudanças climáticas e as crises ambientais colocam em risco a sobrevivência de comunidades inteiras. Essas dificuldades são lembranças constantes de que o pecado não apenas separou o homem de Deus, mas também do ambiente criado para sustentar a vida.

O trabalho humano, que era uma vocação nobre no Éden, tornou-se marcado pela fadiga e pelo esforço. Gênesis 3:19 descreve como Adão passaria a obter seu sustento "com o suor do rosto". Essa luta diária pelo sustento reflete a tensão entre o homem e a terra, uma relação quebrada pelo pecado.

Além da criação física, o impacto do pecado se estende ao campo espiritual e emocional. A beleza e a majestade da criação, que deveriam inspirar louvor a Deus, muitas vezes são ignoradas ou idolatradas. Romanos 1:25 descreve como a Humanidade passou a adorar a criação em vez do Criador, distorcendo o propósito original.

Mesmo com todos esses impactos negativos, a criação continua a refletir a glória de Deus. Em Salmos 19:1, afirma-se: "Os céus declaram a glória de Deus e o firmamento anuncia a obra das suas mãos." Essa dualidade – a beleza da criação coexistindo com sua corrupção – aponta para a esperança de redenção.

A criação participa do plano redentor de Deus. Em Romanos 8:21, Paulo afirma que a criação será liberta da escravidão da corrupção para participar da liberdade da glória dos filhos de Deus. Isso mostra que a redenção alcançada por Cristo não se limita à Humanidade mas inclui toda a criação.

O impacto do pecado e da morte na criação também revela a justiça de Deus. A corrupção é um lembrete constante das consequências do pecado e da seriedade da desobediência a Deus. Isso nos convida a refletir sobre a necessidade de arrependimento e reconciliação.

A obra redentora de Cristo inclui a restauração da criação. Em Colossenses 1:20, declara-se que, por meio de Jesus, Deus reconciliou consigo todas as coisas, "havendo por ele feito a paz pelo sangue da sua cruz, por meio dele reconciliasse consigo mesmo todas as coisas, tanto as que estão na terra, como as que estão nos céus". Essa reconciliação abrange a totalidade da criação.

A promessa de novos céus e nova terra em Apocalipse 21:1-4 é o clímax da história redentora. Nesse futuro, toda a criação será restaurada à sua condição original de perfeição e harmonia. Não haverá mais morte, dor ou corrupção, e a Humanidade viverá em perfeita comunhão com Deus e com a criação.

Enquanto aguardamos essa restauração final, os cristãos são chamados a cuidar da criação. Gênesis 2:15 é um lembrete de que Deus colocou o homem no jardim para cultivá-lo e guardá-lo. Essa vocação permanece válida, mesmo em um mundo marcado pelo pecado, e reflete nosso papel como mordomos da criação.

O impacto do pecado e da morte na criação nos desafia a buscar uma vida de responsabilidade e cuidado. Atos de preservação ambiental, justiça social e promoção da sustentabilidade são maneiras de demonstrar nossa fidelidade a Deus e nosso compromisso com Sua criação. O sofrimento da criação também nos ensina a dependência de Deus. Assim como a criação geme esperando a redenção, nós também gememos em nossas limitações e dificuldades, aguardando a plena manifestação da obra redentora de Cristo em nossas vidas e no mundo.

A história da criação e sua corrupção pelo pecado é um lembrete da abrangência do plano de Deus. Ele não apenas redime indivíduos, mas restaura o cosmos inteiro, trazendo renovação e vida onde antes havia

> **NÃO HAVERÁ MAIS MORTE, DOR OU CORRUPÇÃO, E A HUMANIDADE VIVERÁ EM PERFEITA COMUNHÃO COM DEUS E COM A CRIAÇÃO.**

corrupção e morte. Essa verdade nos enche de esperança e nos chama a viver de forma alinhada com os propósitos divinos.

O impacto do pecado e da morte na criação é profundo e abrangente, mas não é o fim da história. A obra de Cristo na cruz e a promessa de renovação total nos apontam para um futuro glorioso, quando a criação será restaurada à perfeição e refletirá plenamente a glória de Deus. Essa certeza nos fortalece enquanto enfrentamos os desafios de viver em um mundo ainda marcado pelo pecado e pela morte.

O IMPACTO DO PECADO E DA MORTE NA CRIAÇÃO É PROFUNDO E ABRANGENTE, MAS NÃO É O FIM DA HISTÓRIA.

CAPÍTULO 4

A morte como ferramenta do pecado no contexto humano

A MORTE É APRESENTADA na Bíblia como uma consequência direta do pecado e, ao mesmo tempo, como uma ferramenta usada pelo pecado para ampliar seu impacto na Humanidade. Desde o momento da queda, o pecado e a morte tornaram-se aliados inseparáveis, afetando cada aspecto da vida humana, desde os relacionamentos até a maneira como a sociedade se organiza. A morte não é apenas o resultado final do pecado, mas também um instrumento por meio do qual ele opera no cotidiano humano.

No relato de Gênesis 3, vemos como a entrada do pecado trouxe a morte física, espiritual e relacional. Adão e Eva, ao desobedecerem a Deus, não apenas sofreram a separação de Sua presença, mas também enfrentaram a realidade de que a morte seria uma constante em suas vidas. Esse rompimento inicial estabeleceu o padrão para a atuação do pecado, usando a morte como uma ferramenta para espalhar medo, sofrimento e alienação.

A morte como ferramenta do pecado não se limita ao fim da vida física. Em Gênesis 4, na história de Caim e Abel, vemos como o pecado utilizou a morte para corromper os relacionamentos humanos. O assassinato de Abel por Caim foi uma expressão da inveja e do orgulho, e a morte de Abel simboliza como o pecado usa a violência para aprofundar a separação entre as pessoas.

A violência humana, alimentada pelo pecado, é um dos exemplos mais claros de como a morte é usada para destruir comunidades e culturas. A Bíblia está repleta de relatos de guerras, assassinatos e opressão que demonstram a influência do pecado na Humanidade. Em muitos casos, essas mortes refletem não apenas a destruição física, mas também a destruição moral e espiritual que o pecado promove.

O medo da morte é outra forma pela qual o pecado utiliza essa ferramenta para escravizar a Humanidade. Em Hebreus 2:14-15, afirma-se que o diabo usa o medo da morte para manter as pessoas em cativeiro. Esse medo leva muitos a tomar decisões baseadas em autopreservação, egoísmo e desespero, em vez de confiar em Deus e em Suas promessas.

O DIABO USA O MEDO DA MORTE PARA MANTER AS PESSOAS EM CATIVEIRO.

A morte também é usada pelo pecado para alimentar a desesperança. Sem a perspectiva da vida eterna, muitas pessoas veem a morte como o fim absoluto, o que gera um vazio existencial. Esse desespero é uma arma poderosa do pecado, que obscurece a visão da graça e da redenção disponíveis em Cristo.

Além disso, o pecado usa a morte para promover idolatria e adoração de falsas esperanças. Culturas ao longo da história têm tentado controlar ou entender a morte por meio de rituais, superstições e práticas que muitas vezes levam ao afastamento de Deus. Essa busca de sentido fora de Deus demonstra como o pecado usa a morte para desviar a Humanidade do Criador.

A morte, como ferramenta do pecado, também perpetua ciclos de ódio e vingança. Em muitos casos, a perda de uma vida leva a retaliações, perpetuando conflitos que atravessam gerações. Esse ciclo é evidente em contextos de guerra, disputas familiares e divisões sociais, mostrando como o pecado utiliza a morte para destruir a paz.

No nível pessoal, a morte atua como um lembrete constante da fragilidade humana e da incapacidade de viver de acordo com os padrões de Deus. Em Romanos 3:23, afirma-se que "todos pecaram e destituídos estão da glória de Deus". A morte física serve como um testemunho visível dessa realidade espiritual, reforçando a separação entre Deus e o homem. O pecado também utiliza a morte para corromper a maneira como a sociedade valoriza a vida. A banalização da morte, seja por meio da violência ou da negligência, é um reflexo da influência do pecado. Questões como aborto, genocídio e indiferença às injustiças sociais mostram como a morte é instrumentalizada para distorcer a dignidade humana.

Ainda é usada pelo pecado para enfraquecer a confiança nas promessas de Deus. Em momentos de sofrimento e perda, muitos questionam o amor e a bondade de Deus, permitindo que o pecado semeie dúvidas e afastamento. Esse questionamento é um dos exemplos mais sutis de como a morte opera como ferramenta do pecado.

Mesmo no sofrimento causado pela morte, o pecado tenta endurecer o coração humano contra Deus. Muitas vezes, as pessoas que enfrentam perdas significativas tornam-se amarguradas ou cínicas, rejeitando a esperança e a fé. Essa reação é uma estratégia do pecado para impedir que as pessoas busquem consolo e redenção em Deus.

O pecado também utiliza a morte para desviar as prioridades humanas. Em vez de focar na eternidade e nas coisas do Reino, muitos gastam suas vidas tentando evitar ou adiar a morte, acumulando riquezas ou buscando prazeres temporais. Essa distração reforça o domínio do pecado sobre a Humanidade.

No entanto, o impacto da morte como ferramenta do pecado não é irreversível. Deus, em Sua soberania, usou a própria morte como um meio de redenção. Na cruz, Cristo enfrentou a morte e a derrotou, transformando o que era uma arma do pecado em um caminho para a vida eterna. Sua ressurreição é a prova de que a morte foi vencida.

Por meio de Cristo, o domínio da morte foi quebrado. Em Romanos 6:23, declara-se: "O salário do pecado é a morte, mas o dom gratuito de Deus é a vida eterna em Cristo Jesus, nosso Senhor". Essa verdade muda a perspectiva sobre a morte, mostrando que, embora ela seja usada pelo pecado, sua derrota já foi decretada por Deus.

O impacto do pecado e da morte no contexto humano também nos aponta para a esperança da ressurreição. Em 1 Coríntios 15:55, proclama-se: "Onde está, ó morte, o teu aguilhão? Onde está, ó inferno, a tua vitória?". A vitória de Cristo redefine o significado da morte e oferece a promessa de vida eterna para aqueles que creem.

Enquanto o pecado ainda tenta usar a morte para corromper, o evangelho oferece uma nova perspectiva. A morte não é mais uma ferramenta de destruição para os que estão em Cristo, mas uma transição para uma vida plena na presença de Deus. Essa realidade nos dá força para viver com fé e propósito, mesmo em meio à dor e ao sofrimento.

A morte, que antes era uma arma do pecado, foi transformada em um instrumento de vitória por meio de Cristo. Para os cristãos, a morte perdeu seu poder absoluto, e a vida em Cristo é a garantia de que nem o pecado nem a morte terão a palavra final. Essa esperança nos capacita a enfrentar a vida com coragem e confiança na fidelidade de Deus.

A MORTE, QUE ANTES ERA UMA ARMA DO PECADO, FOI TRANSFORMADA EM UM INSTRUMENTO DE VITÓRIA POR MEIO DE CRISTO.

CAPÍTULO 5

O papel de Cristo na vitória sobre o pecado e a morte

O PAPEL DE CRISTO na vitória sobre o pecado e a morte é o centro da mensagem do evangelho e o fundamento da fé cristã. Desde a queda, o pecado trouxe a morte como consequência inevitável, afetando a Humanidade em todas as dimensões. No entanto, Deus, em Seu plano de redenção, enviou Seu Filho para resolver o problema do pecado e destruir o poder da morte.

Cristo foi anunciado desde o início como a solução para o problema do pecado. Em Gênesis 3:15, Deus prometeu que a descendência da mulher esmagaria a cabeça da serpente, apontando para Jesus como o redentor. Essa promessa inicial foi a base de toda a narrativa bíblica que culmina na obra de Cristo na cruz.

A encarnação de Cristo foi o primeiro passo na missão de vencer o pecado e a morte. Ele veio como um ser humano, sujeito às mesmas limitações e tentações que nós, mas sem pecado (Hebreus 4:15). Sua vida perfeita demonstrou que era possível viver em completa obediência a Deus, algo que Adão e todos os outros humanos falharam em fazer.

Durante Seu ministério, Jesus confrontou diretamente o poder do pecado e da morte. Ele curou os enfermos, perdoou pecados e até ressuscitou mortos, como no caso de Lázaro (João 11:43-44). Essas ações demonstraram Sua autoridade sobre os efeitos do pecado e anteciparam a vitória completa que Ele alcançaria na cruz.

A morte de Cristo na cruz foi o ponto central de Sua vitória. Ele levou sobre Si os pecados do mundo (Isaías 53:4-6), assumindo a penalidade que a Humanidade merecia. Essa substituição foi o cumprimento das exigências da justiça divina, satisfazendo a ira de Deus contra o pecado e reconciliando a Humanidade com Ele.

Na cruz, Jesus não apenas enfrentou a morte física, mas também experimentou a separação espiritual de Deus. Seu clamor "Deus meu, Deus meu, por que me desamparaste?" (Mateus 27:46) reflete a profundidade de Sua identificação com o estado de

A ENCARNAÇÃO DE CRISTO FOI O PRIMEIRO PASSO NA MISSÃO DE VENCER O PECADO E A MORTE.

separação causado pelo pecado. Essa experiência foi essencial para que Ele pudesse vencer completamente a morte em todas as suas formas.

A ressurreição de Cristo é a prova definitiva de Sua vitória sobre o pecado e a morte. Quando Ele ressuscitou, venceu o poder da morte física, mostrando que ela não tinha mais domínio sobre Ele (Romanos 6:9). Sua ressurreição é a base da esperança cristã de vida eterna. A vitória de Cristo também foi uma vitória sobre Satanás, que usava o pecado e a morte como ferramentas de escravidão. Em Hebreus 2:14-15, explica-se que, por meio de Sua morte, Jesus destruiu aquele que tinha o poder da morte, o diabo, e libertou os que estavam sujeitos ao medo da morte.

Cristo conquistou a morte eterna, garantindo que aqueles que creem n'Ele não serão condenados, mas terão vida eterna (João 3:16). Essa promessa redefine o significado da morte para os cristãos, que agora a veem como uma transição para a presença de Deus.

O papel de Cristo na vitória sobre o pecado também inclui a renovação espiritual dos crentes. Por meio de Sua morte e ressurreição, Jesus abriu o caminho para que o Espírito Santo habitasse nos crentes, dando-lhes poder para vencer o pecado em suas vidas diárias (Romanos 8:11).

Cristo ainda restaurou a comunhão entre Deus e a Humanidade. Por meio de Seu sacrifício, Ele reconciliou todas as coisas com Deus, estabelecendo paz pelo sangue derramado na cruz (Colossenses 1:20). Essa reconciliação removeu a separação que o pecado havia causado e trouxe os crentes de volta ao relacionamento com o Criador.

A vitória de Cristo sobre a morte é o cumprimento do plano redentor de Deus, que será consumado na ressurreição final. Em 1 Coríntios 15:54-57 é proclamado que a morte será tragada na vitória, e todos os que pertencem a Cristo receberão corpos glorificados e viverão eternamente com Ele.

A vitória de Cristo tem implicações cósmicas. Em Romanos 8:21, afirma-se que a criação será liberta da escravidão da corrupção para participar da liberdade da glória dos filhos de Deus. A obra de Cristo não apenas redime a Humanidade, mas também restaura toda a criação. A obra de Cristo transformou a maneira como os cristãos enfrentam a morte. Em vez de temê-la, eles podem encará-la com confiança, sabendo que a morte perdeu seu aguilhão e não tem poder para separá-los do amor de Deus (Romanos 8:38-39).

A vitória de Cristo também dá significado à luta contra o pecado. Embora os cristãos ainda enfrentem tentações, eles têm a garantia de que o poder do pecado foi quebrado e podem viver em liberdade. A santificação é uma evidência da vitória de Cristo operando na vida do crente.

Cristo também nos deu o exemplo de como viver em meio ao sofrimento e à oposição. Sua fidelidade até a morte nos inspira a perseverar em nossa fé, mesmo diante de desafios, com a certeza de que a vitória final já foi conquistada.

A vitória de Cristo sobre o pecado e a morte é o fundamento da missão da igreja. Como representantes de Cristo, os cristãos são chamados a proclamar essa vitória ao mundo, anunciando a reconciliação disponível por meio do evangelho (2 Coríntios 5:18-20).

Essa vitória ainda nos convida a viver com esperança. Mesmo em um mundo ainda marcado pela presença do pecado e da morte, os cristãos podem olhar para o futuro com expectativa, sabendo que Cristo triunfará completamente no fim dos tempos.

O papel de Cristo na vitória sobre o pecado e a morte nos lembra da profundidade do amor de Deus. Ele entregou Seu único Filho para que pudéssemos ser livres, reconciliados e restaurados à vida plena para a qual fomos criados. Essa verdade deve moldar cada aspecto de nossa vida e adoração.

O PAPEL DE CRISTO NA VITÓRIA SOBRE O PECADO E A MORTE NOS LEMBRA DA PROFUNDIDADE DO AMOR DE DEUS.

CAPÍTULO 6

Reflexões práticas: vivendo à luz da vitória sobre a morte

VIVER À LUZ DA vitória de Cristo sobre a morte é um chamado para abraçar uma nova perspectiva sobre a vida, a mortalidade e a eternidade. A ressurreição de Cristo redefine não apenas o destino final dos crentes, mas também o modo como enfrentam os desafios e os momentos cotidianos. Essa vitória não é somente uma promessa futura, mas uma realidade presente que transforma a maneira de viver.

Uma das reflexões práticas mais importantes é a confiança na segurança eterna em Cristo. Saber que a morte foi vencida dá aos cristãos a coragem de enfrentar os desafios da vida sem medo do que está por vir.

Como Paulo afirmou em Filipenses 1:21: "Para mim, o viver é Cristo e o morrer é ganho". Essa segurança nos permite viver com propósito e alegria.

Tal perspectiva ainda muda a maneira como os cristãos encaram a morte física. Embora a perda de entes queridos seja dolorosa, há esperança na ressurreição e na vida eterna. Em 1 Tessalonicenses 4:13-14, somos encorajados a não nos entristecermos como aqueles que não têm esperança, pois sabemos que os que morrem em Cristo viverão novamente.

Viver à luz da vitória de Cristo significa priorizar o que é eterno. Em um mundo cheio de distrações, a perspectiva da eternidade nos ajuda a focar no que realmente importa: nossa relação com Deus, a comunhão com os outros e o cumprimento do propósito divino. Essa visão transforma nossos valores e nossas decisões diárias.

Outra aplicação prática é a superação do medo da morte, que pode paralisar, mas a vitória de Cristo nos liberta dessa escravidão (Hebreus 2:14-15). Quando entendemos que a morte não é o fim, mas uma transição para a eternidade com Deus, podemos viver com coragem e fé.

A vitória sobre a morte também nos chama a enfrentar o sofrimento com esperança. Embora o sofrimento faça parte da vida, os cristãos têm a certeza de que Deus está presente em meio às tribulações e que Ele redimirá todas as coisas. Romanos 8:18 nos

VIVER À LUZ DA
VITÓRIA DE CRISTO
SIGNIFICA PRIORIZAR
O QUE É ETERNO.

lembra de que "as aflições deste tempo presente não são para comparar com a glória que em nós há de ser revelada".

Viver à luz da vitória de Cristo é também um convite para a santidade. Em 1 Coríntios 15:58, Paulo exorta os crentes a permanecerem firmeseabundantes na obra do Senhor, sabendo que seu trabalho não é em vão. A certeza da ressurreição nos motiva a viver na maneira digna do evangelho.

A vitória de Cristo sobre a morte nos encoraja a sermos testemunhas do evangelho. Saber que Cristo venceu a morte e oferece vida eterna deve nos impulsionar a compartilhar essa boa notícia com os outros. O chamado para fazer discípulos (Mateus 28:19-20) ganha ainda mais urgência quando entendemos a gravidade do pecado e a promessa da vida eterna.

Essa perspectiva nos leva a valorizar cada dia como um presente de Deus. Salmos 90:12 nos ensina a contar nossos dias de maneira que alcancemos um coração sábio. Compreender que a vida é breve e que a eternidade é certa nos ajuda a viver de forma intencional e significativa.

À luz da vitória de Cristo, os relacionamentos tornam-se mais preciosos. Sabemos que a comunhão com outros crentes continua na eternidade, mas isso nos chama a cultivar amor, perdão e reconciliação no presente. Em Efésios 4:32, somos encorajados a perdoar, assim como fomos perdoados por Cristo. A vitória sobre a morte também nos lembra da importância de investir no Reino de Deus. Nosso tempo, talentos e recursos podem ser usados para glorificar a Deus e para ajudar outras pessoas a experimentarem a mesma vitória em Cristo. Mateus 6:19-21 nos desafia a acumular tesouros no céu, onde não há corrupção.

Enfrentar a morte de entes queridos à luz da vitória de Cristo também nos dá uma oportunidade de consolar outros com a mesma esperança que recebemos. Em 2 Coríntios 1:3-4, Paulo nos lembra de que Deus nos consola para que possamos consolar os outros em suas aflições. Esse ciclo de consolo reflete o amor de Deus.

A perspectiva da vitória de Cristo ainda nos inspira a orar com mais fervor. Oramos com gratidão por Sua vitória e com expectativa pelo cumprimento total de Suas promessas. Essa esperança nos mantém conectados com Deus e nos dá força em momentos de fraqueza.

A vitória de Cristo nos dá motivos para louvar a Deus continuamente. Mesmo em meio às dificuldades, podemos adorar com alegria, sabendo que a vitória já foi conquistada. A exemplo, Apocalipse 5:12-13 nos dá um vislumbre da adoração eterna ao Cordeiro que foi morto e venceu.

A vitória de Cristo sobre a morte também nos ensina a lidar com as injustiças deste mundo. Sabemos que Deus é justo e que haverá um dia em que toda lágrima será enxugada e toda injustiça será corrigida (Apocalipse 21:4). Essa certeza nos ajuda a esperar com paciência pelo julgamento final de Deus.

Viver à luz dessa vitória também significa encontrar propósito no sofrimento. Romanos 5:3-5 nos ensina que a tribulação produz perseverança, caráter e esperança. Mesmo nas dificuldades, podemos confiar que Deus está trabalhando para nosso bem e Sua glória.

A vitória de Cristo nos lembra de que somos peregrinos nesta terra. Nossa verdadeira cidadania está nos céus (Filipenses 3:20), e isso nos chama a viver com desapego às coisas temporais e com olhos fixos na eternidade.

Essa perspectiva nos ajuda ainda a ver a morte como um inimigo derrotado. Em 1 Coríntios 15:26, a morte é chamada de "o último inimigo a ser destruído". Embora ainda enfrentemos a morte física, temos a certeza de que ela não terá a palavra final.

A vitória de Cristo transforma o luto em esperança. Mesmo diante da perda, podemos confiar que Deus está presente e que há uma promessa de restauração e reencontro na eternidade. Essa confiança sustenta os cristãos em tempos de dor.

A perspectiva da vitória de Cristo nos chama a viver com gratidão. Cada dia é uma oportunidade de experimentar a graça de Deus e de caminhar em direção à plenitude da vida eterna. A gratidão nos conecta com Deus e nos ajuda a viver de forma mais plena.

MESMO NAS DIFICULDADES, PODEMOS CONFIAR QUE DEUS ESTÁ TRABALHANDO PARA NOSSO BEM E SUA GLÓRIA.

A certeza da vitória de Cristo nos dá uma nova maneira de enfrentar os desafios da vida. Não somos derrotados pelas circunstâncias, mas vivemos como mais que vencedores por meio daquele que nos amou (Romanos 8:37).

Essa vitória nos convida a caminhar com fé, mesmo em momentos de incerteza. Sabemos que Deus é fiel e que Suas promessas nunca falham. Essa confiança nos dá força para perseverar.

Viver à luz da vitória de Cristo nos dá um senso renovado de missão. Somos chamados a ser luz em um mundo marcado pela escuridão do pecado e da morte. Cada ação e palavra têm o potencial de apontar para a vitória de Cristo.

A vitória de Cristo também nos ensina sobre o poder da ressurreição no presente. O mesmo Espírito que ressuscitou Jesus dos mortos habita em nós (Romanos 8:11), capacitando-nos a viver vidas transformadas.

A certeza da vitória de Cristo nos ajuda a lidar com o envelhecimento e as limitações do corpo físico. Sabemos que nossos corpos mortais serão transformados em corpos glorificados, adequados para a eternidade com Deus.

Essa perspectiva ainda nos chama a viver com humildade, reconhecendo que a vitória não é conquistada por nossos méritos, mas é um presente da graça de Deus. Essa humildade molda nossa relação com Ele e com os outros.

A vitória de Cristo nos prepara para o dia em que nos encontraremos com Ele face a face. Essa expectativa nos dá forças para viver de maneira que glorifique Deus e impacte o mundo ao nosso redor.

A luz da vitória de Cristo sobre a morte é um chamado para viver com esperança, propósito e coragem. É um lembrete de que a história não termina com a morte, mas com a vida eterna prometida em Cristo. Essa realidade transforma cada aspecto de nossa existência e nos dá um motivo para louvar a Deus todos os dias.

Histórias de personagens bíblicos que morreram em decorrência do pecado

Adão e Eva
(Introdução da morte no mundo)

Gênesis 3:19

**NO SUOR DO TEU ROSTO
COMERÁS O TEU PÃO, ATÉ
QUE TE TORNES À TERRA;
PORQUE DELA FOSTE TOMADO;
PORQUANTO ÉS PÓ E
EM PÓ TE TORNARÁS.**

Caim e Abel
(O primeiro assassinato como resultado do pecado)

Gênesis 4:8

> “E FALOU CAIM COM ABEL, SEU IRMÃO; E SUCEDEU QUE, ESTANDO ELES NO CAMPO, SE LEVANTOU CAIM CONTRA O SEU IRMÃO ABEL E O MATOU.”

O dilúvio
(Morte de toda a Humanidade, exceto de Noé e sua família)

Gênesis 6:5-7

E VIU O SENHOR QUE A MALDADE DO HOMEM SE MULTIPLICARA SOBRE A TERRA E QUE TODA A IMAGINAÇÃO DOS PENSAMENTOS DE SEU CORAÇÃO ERA SÓ MÁ CONTINUAMENTE. ENTÃO, ARREPENDEU-SE O SENHOR DE HAVER FEITO O HOMEM SOBRE A TERRA E PESOU-LHE EM SEU CORAÇÃO. E DISSE O SENHOR: DESTRUIREI O HOMEM QUE CRIEI DE SOBRE A FACE DA TERRA.

A esposa de Ló
(Desobediência e punição de Deus)

Gênesis 19:26

> **E A MULHER DE LÓ OLHOU PARA TRÁS E FICOU CONVERTIDA NUMA ESTÁTUA DE SAL.**

Nadabe e Abiú
(Sacrifício estranho ao Senhor)

Levítico 10:1-2

E OS FILHOS DE ARÃO, NADABE E ABIÚ, TOMARAM CADA UM O SEU INCENSÁRIO, E PUSERAM NELES FOGO, E COLOCARAM INCENSO SOBRE ELE, E OFERECERAM FOGO ESTRANHO PERANTE O SENHOR, O QUE LHES NÃO ORDENARA. ENTÃO, SAIU FOGO DE DIANTE DO SENHOR E OS CONSUMIU; E MORRERAM PERANTE O SENHOR.

Coré, Datã e Abirão
(Rebelião contra Moisés e Arão)

Números 16:32-33

E A TERRA ABRIU A SUA BOCA E OS TRAGOU COM AS SUAS CASAS, COMO TAMBÉM A TODOS OS HOMENS QUE PERTENCIAM A CORÉ E A TODOS OS SEUS BENS. E ELES E TUDO O QUE ERA SEU DESCERAM VIVOS AO SEPULCRO; E A TERRA OS COBRIU, E PERECERAM DO MEIO DA CONGREGAÇÃO.

Os espias infiéis (Incredulidade e desobediência ao comando de Deus)

Números 14:37

AQUELES HOMENS QUE INFAMARAM A TERRA MORRERAM DE PRAGA PERANTE O SENHOR.

Acã
(Desobediência ao comando de Deus na conquista de Jericó)

Josué 7:24-25

ENTÃO, JOSUÉ E TODO O ISRAEL COM ELE TOMARAM A ACÃ, FILHO DE ZERÁ, E A PRATA, E A CAPA, E A CUNHA DE OURO, E SEUS FILHOS, E SUAS FILHAS, E SEUS BOIS, E SEUS JUMENTOS, E SUAS OVELHAS, E SUA TENDA, E TUDO QUANTO TINHA, E LEVARAM-NOS AO VALE DE ACOR. E DISSE JOSUÉ: POR QUE NOS TURBASTE? O SENHOR TE TURBARÁ A TI NESTE DIA. E TODO O ISRAEL O APEDREJOU COM PEDRAS; E OS QUEIMARAM A FOGO, APEDREJANDO-OS COM PEDRAS.

Saul
(Rebelião e rejeição da palavra de Deus)

1 Samuel 31:4

"

ENTÃO, DISSE SAUL AO SEU ESCUDEIRO: ARRANCA A TUA ESPADA E ATRAVESSA-ME COM ELA, PARA QUE, PORVENTURA, NÃO VENHAM ESTES INCIRCUNCISOS E ME ATRAVESSEM E ESCARNEÇAM DE MIM. PORÉM O SEU ESCUDEIRO NÃO QUIS, PORQUE TEMIA MUITO. ENTÃO, SAUL TOMOU A ESPADA E SE LANÇOU SOBRE ELA.

"

Uzá
(Toque na arca da aliança contra a ordem divina)

2 Samuel 6:6-7

E, CHEGANDO À EIRA DE NACOM, ESTENDEU UZÁ A MÃO À ARCA DE DEUS E SEGUROU-A, PORQUE OS BOIS A DEIXAVAM PENDER. ENTÃO, A IRA DO SENHOR SE ACENDEU CONTRA UZÁ, E DEUS O FERIU ALI POR ESTA IMPRUDÊNCIA; E MORREU ALI JUNTO À ARCA DE DEUS.

Jezabel
(Idolatria, feitiçaria e perseguição aos profetas)

2 Reis 9:33

> E DISSE ELE:
> LANÇAI-A DAÍ ABAIXO.
> E LANÇARAM-NA ABAIXO;
> E FORAM SALPICADOS COM
> O SEU SANGUE A PAREDE
> E OS CAVALOS, E JEÚ
> A ATROPELOU.

Ananias e Safira
(Mentira ao Espírito Santo)

Atos 5:3-5

DISSE, ENTÃO, PEDRO: ANANIAS, POR QUE ENCHEU SATANÁS O TEU CORAÇÃO PARA QUE MENTISSES AO ESPÍRITO SANTO E RETIVESSES PARTE DO PREÇO DA HERDADE? GUARDANDO-A, NÃO FICAVA PARA TI? E, VENDIDA, NÃO ESTAVA EM TEU PODER? POR QUE FORMASTE ESTE DESÍGNIO EM TEU CORAÇÃO? NÃO MENTISTE AOS HOMENS, MAS A DEUS. E ANANIAS, OUVINDO ESTAS PALAVRAS, CAIU E EXPIROU; E UM GRANDE TEMOR VEIO SOBRE TODOS OS QUE ISTO OUVIRAM.

Herodes Agripa I
(Blasfêmia e falta de glória a Deus)

Atos 12:23

> **NO MESMO INSTANTE,
> FERIU-O O ANJO DO SENHOR,
> PORQUE NÃO DEU GLÓRIA A DEUS;
> E, COMIDO DE BICHOS, EXPIROU.**

Os egípcios no Mar Vermelho
(Resistência ao comando de Deus)

Êxodo 14:28

PORQUE AS ÁGUAS, TORNANDO, COBRIRAM OS CARROS E OS CAVALEIROS DE TODO O EXÉRCITO DE FARAÓ, QUE OS HAVIAM SEGUIDO NO MAR; NENHUM DELES FICOU.

O primogênito do Egito
(Praga pela desobediência de Faraó)

Êxodo 12:29

“E ACONTECEU, À MEIA-NOITE, QUE O SENHOR FERIU TODOS OS PRIMOGÊNITOS NA TERRA DO EGITO, DESDE O PRIMOGÊNITO DE FARAÓ, QUE SE ASSENTAVA SOBRE O SEU TRONO, ATÉ AO PRIMOGÊNITO DO CATIVO QUE ESTAVA NO CÁRCERE, E TODOS OS PRIMOGÊNITOS DOS ANIMAIS.”

Nabal
(Rejeição e desonra ao ungido de Deus)

1 Samuel 25:38

**E ACONTECEU QUE,
PASSADOS QUASE DEZ DIAS,
FERIU O SENHOR A NABAL,
E ESTE MORREU.**

Os filhos de Eli
(Desrespeito ao serviço sacerdotal)

1 Samuel 4:11

E FOI TOMADA A ARCA DE DEUS,
E OS DOIS FILHOS DE ELI,
HOFNI E FINÉIAS, MORRERAM.

O rei Uzias
(Punição por usurpar o papel sacerdotal)

2 Crônicas 26:19

"E UZIAS IROU-SE, E TINHA UM INCENSÁRIO NA MÃO PARA QUEIMAR INCENSO; INDIGNANDO-SE ELE, POIS, CONTRA OS SACERDOTES, A LEPRA LHE SAIU À TESTA PERANTE OS SACERDOTES NA CASA DO SENHOR."

Os profetas de Baal
(Desafio ao Deus de Israel)

1 Reis 18:40

> E ELIAS LHES DISSE:
> LANÇAI MÃO DOS PROFETAS DE BAAL, QUE NENHUM DELES ESCAPE. E LANÇARAM MÃO DELES; E ELIAS OS FEZ DESCER AO RIBEIRO DE QUISOM E ALI OS MATOU.

Simão, o mágico
(Condenação por tentar comprar o dom de Deus)

Atos 8:20

**MAS DISSE-LHE PEDRO:
O TEU DINHEIRO SEJA
CONTIGO PARA PERDIÇÃO,
POIS CUIDASTE QUE O
DOM DE DEUS SE ALCANÇA
POR DINHEIRO.**

Conclusão

MORTE AMIGA DO PECADO: uma análise bíblica das consequências da entrada do pecado no mundo nos convida a refletir sobre profundas verdades e a considerar como elas moldam nossa visão de Deus, da Humanidade e do plano redentor. A entrada do pecado no mundo, com a consequente introdução da morte, é o ponto de ruptura da história bíblica, mas também o início da narrativa da redenção.

Desde a queda de Adão e Eva, a morte tem sido uma realidade inescapável, afetando todos os aspectos da existência humana. Ela é a separação física, espiritual e eterna que o pecado trouxe ao mundo. Essa ruptura não apenas impacta a Humanidade, mas toda a criação, sujeitando-a à corrupção e à frustração. No entanto, a

Bíblia não nos deixa em desespero, mas aponta para a restauração que Deus iniciou em Cristo.

Ao longo dos capítulos, vimos como a morte se tornou uma ferramenta do pecado, usada para escravizar e corromper a Humanidade. Seja por meio da violência, do medo ou da separação espiritual, ela atua como um instrumento que amplifica os efeitos do pecado. No entanto, a obra de Cristo na cruz é a resposta divina para esse problema, oferecendo vida onde antes havia apenas destruição.

Cristo enfrentou a morte em todas as suas formas. Ele experimentou a separação espiritual ao carregar os pecados do mundo, sofreu a morte física ao entregar Sua vida na cruz e venceu o poder da morte eterna ao ressuscitar. Sua ressurreição é a prova definitiva de que a morte não tem a palavra final e de que o pecado foi derrotado.

A vitória de Cristo não é apenas uma promessa para o futuro, mas uma realidade presente para todos os que creem n'Ele. Por meio de Sua obra redentora, os cristãos são libertos do domínio do pecado e da morte, vivendo em uma nova realidade de esperança e vida eterna. Essa certeza transforma a maneira como enfrentamos tanto a vida quanto a morte.

A reflexão sobre a morte e suas consequências nos desafia a valorizar ainda mais o sacrifício de Cristo. Sua obra não apenas resolve o problema da morte, mas também restaura nossa comunhão com Deus, que foi quebrada pelo pecado. Essa reconciliação é o maior presente que podemos receber e é o fundamento da fé.

Também aprendemos que a criação, sujeita ao impacto do pecado e da morte, aguarda ansiosamente sua redenção. O plano de Deus não é apenas redimir a Humanidade, mas restaurar todas as coisas. Essa promessa aponta para um novo céu e uma nova terra, onde não haverá mais dor, morte ou lágrimas.

A perspectiva da vitória de Cristo nos convida a viver com um senso renovado de propósito. Sabemos que a morte não é o fim, mas o início de uma nova vida na presença de Deus. Isso nos encoraja a viver de maneira que glorifique a Deus, buscando cumprir Seu propósito em nossas vidas.

Ao enfrentar os desafios e sofrimentos da vida, os cristãos são fortalecidos pela certeza de que Deus está trabalhando em todas as coisas para o bem daqueles que O amam. A morte, embora ainda presente, perdeu seu poder absoluto e foi transformada em uma passagem para a eternidade com Deus.

A esperança da ressurreição nos dá força para lidar com as perdas e o luto. Sabemos que aqueles que morrem em Cristo não estão perdidos, mas viverão novamente. Essa esperança nos consola e nos ajuda a enfrentar o sofrimento com fé.

Tal jornada nos leva a reconhecer que a vida terrena é breve, mas significativa. Contar nossos dias e viver com sabedoria, como ensina o Salmo 90:12, é uma resposta prática à compreensão de que a morte é real, mas não a última palavra.

Viver à luz da vitória de Cristo significa também ser um testemunho para o mundo. Em um contexto onde o medo da morte e a desesperança muitas vezes dominam, os cristãos têm a oportunidade de proclamar a mensagem da vida eterna em Cristo, compartilhando o evangelho com outros.

A morte, que entrou no mundo como uma consequência do pecado, será completamente eliminada no plano final de Deus. Em Apocalipse 21:4, somos lembrados que um dia não haverá mais morte, luto ou dor. Essa promessa nos dá a confiança de que Deus completará Sua obra redentora.

Ao vivermos com essa perspectiva, somos chamados a investir em coisas que têm valor eterno. Nossas escolhas, ações e prioridades devem refletir a certeza de que estamos caminhando para uma nova realidade em Cristo, onde a vida triunfa sobre a morte.

O impacto da morte na criação e na Humanidade nos chama a agir com responsabilidade e gratidão. Como mordomos de tudo o que Deus nos confiou, somos chamados a cuidar da criação e a promover a justiça, enquanto aguardamos a plena manifestação do Reino de Deus.

A obra de Cristo também nos convida a cultivar relacionamentos baseados em amor e reconciliação. Sabendo que a comunhão eterna nos aguarda, devemos buscar viver em harmonia e demonstrar o amor de Deus em todas as nossas interações.

A vitória sobre a morte nos dá a coragem de enfrentar o desconhecido com confiança. Sabemos que Deus é soberano e que Sua promessa de vida eterna é fiel. Essa segurança nos permite viver com alegria e esperança, independentemente das circunstâncias.

Morte amiga do pecado não é apenas uma análise das consequências do pecado e da morte, mas uma celebração da graça de Deus, que transforma tragédia em vitória. A história da redenção nos lembra de que Deus é fiel e que Sua obra em Cristo é suficiente para nos trazer vida em abundância.

A conclusão deste livro é um convite à reflexão e à ação. Que a compreensão da vitória de Cristo sobre o pecado e a morte nos leve a viver com um senso renovado de missão, buscando glorificar Deus em tudo o que fazemos e proclamando Sua mensagem de vida ao mundo. A vitória de Cristo nos dá razões para louvar, esperança para perseverar e coragem para viver. Enquanto aguardamos o dia em que a morte será completamente destruída, que possamos viver com a convicção de que pertencemos Àquele que é a ressurreição e a vida, Jesus Cristo, nosso Salvador.

Edição: 1ª
Fonte: Chaparral Pro